Kiedy jestem przygnębiona

When I Am Gloomy

Sam Sagolski
Ilustracje Daria Smyslova

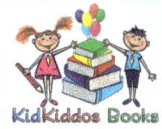

www.kidkiddos.com
Copyright ©2025 by KidKiddos Books Ltd.
support@kidkiddos.com

All rights reserved. No part of this book may be reproduced in any form or by any electronic or mechanical means, including information storage and retrieval systems, without written permission from the publisher, except in the case of a reviewer, who may quote brief passages embodied in critical articles or in a review.
First edition, 2025

Translated from English by Magdalena Samvatsar
Z języka angielskiego przetłumaczyła Magdalena Samvatsar

Library and Archives Canada Cataloguing in Publication
When I Am Gloomy (Polish English Bilingual edition)/Shelley Admont
ISBN: 978-1-0497-0662-7 paperback
ISBN: 978-1-0497-0663-4 hardcover
ISBN: 978-1-0497-0664-1 eBook

Please note that the Polish and English versions of the story have been written to be as close as possible. However, in some cases they differ in order to accommodate nuances and fluidity of each language.

Pewnego pochmurnego poranka obudziłam się przygnębiona.

One cloudy morning, I woke up feeling gloomy.

Wstałam z łóżka, owinęłam się moim ulubionym kocem i poszłam do salonu.

I got out of bed, wrapped myself in my favorite blanket, and walked into the living room.

– Mamo! – zawołałam. – Jestem w złym humorze.

"Mommy!" I called. "I'm in a bad mood."

Mama spojrzała znad swojej książki. – Złym? Dlaczego tak mówisz, kochanie? – zapytała.

Mom looked up from her book. "Bad? Why do you say that, darling?" she asked.

– Spójrz na moją twarz – powiedziałam, wskazując na ściągnięte brwi. Mama delikatnie się uśmiechnęła.

"Look at my face!" I said, pointing to my furrowed brows. Mom smiled gently.

– Nie mam dzisiaj szczęśliwej minki – wymamrotałam. – Czy kochasz mnie też, kiedy jestem przygnębiona?

"I don't have a happy face today," I mumbled. "Do you still love me when I'm gloomy?"

– *Oczywiście, że tak – powiedziała mama. – Kiedy jesteś przygnębiona, chcę być blisko ciebie, mocno cię przytulić i pocieszyć cię.*

"Of course I do," Mom said. "When you're gloomy, I want to be close to you, give you a big hug, and cheer you up."

To sprawiło, że poczułam się trochę lepiej, ale tylko przez chwilę, bo wtedy zaczęłam myśleć o wszystkich moich innych nastrojach.

That made me feel a little better, but only for a second, because then I started thinking about all my other moods.

– Więc… czy kochasz mnie też, kiedy jestem zła?
"So… do you still love me when I'm angry?"

Mama znów się uśmiechnęła. – Oczywiście, że tak!
Mom smiled again. "Of course I do!"

– Jesteś pewna? – zapytałam, krzyżując ramiona.
"Are you sure?" I asked, crossing my arms.

– *Nawet kiedy wpadasz w złość, nadal jestem twoją mamą. I kocham cię dokładnie tak samo.*

"Even when you're mad, I'm still your mom. And I love you just the same."

Wzięłam głęboki wdech. – A co, kiedy jestem nieśmiała? – wyszeptałam.

I took a big breath. "What about when I'm shy?" I whispered.

– Kiedy jesteś nieśmiała, wtedy też cię kocham – powiedziała mama. – Pamiętasz, jak schowałaś się za mną i nie chciałaś porozmawiać z nowym sąsiadem?

"I love you when you're shy too," she said. "Remember when you hid behind me and didn't want to talk to the new neighbor?"

Pokiwałam głową. Doskonale to pamiętałam.

I nodded. I remembered it well.

– *A potem powiedziałaś „Cześć" i poznałaś nowego przyjaciela. Byłam z ciebie taka dumna.*

"And then you said hello and made a new friend. I was so proud of you."

– Czy kochasz mnie też wtedy, gdy zadaję zbyt dużo pytań? – kontynuowałam.

"Do you still love me when I ask too many questions?" I continued.

– Gdy zadajesz mnóstwo pytań, jak teraz, widzę, jak uczysz się nowych rzeczy i stajesz się mądrzejsza i silniejsza z każdym dniem – odpowiedziała mama.
– I tak, wciąż cię kocham.

"When you ask a lot of questions, like now, I get to watch you learn new things that make you smarter and stronger every day," Mom answered. "And yes, I still love you."

– *A co, jeśli nie mam ochoty rozmawiać?* – dopytywałam dalej.
"What if I don't feel like talking at all?" I continued asking.

– *Chodź tu* – powiedziała. *Wdrapałam się mamie na kolana i oparłam głowę na jej ramieniu.*
"Come here," she said. I climbed into her lap and rested my head on her shoulder.

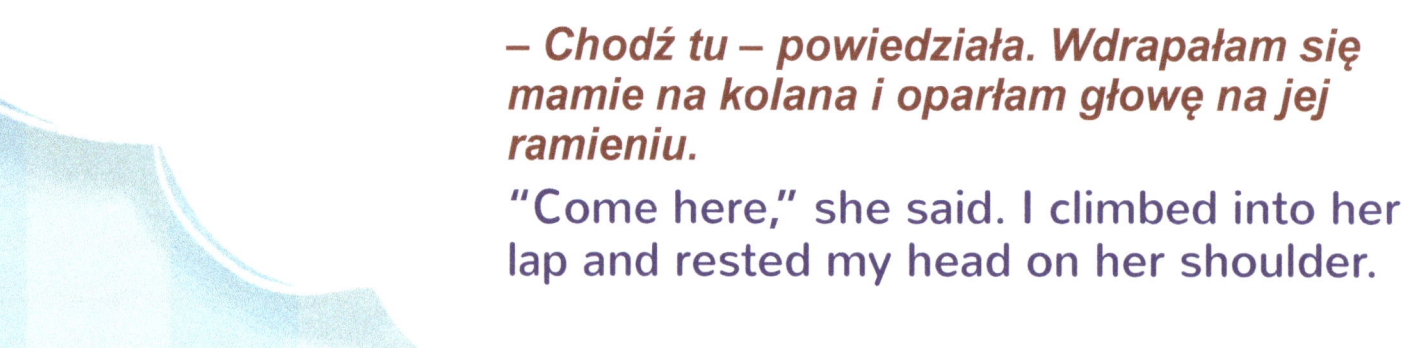

– *Kiedy nie masz ochoty na rozmowę i nic nie mówisz, zaczynasz używać swojej wyobraźni. Uwielbiam oglądać to, co tworzysz – odpowiedziała mama.*

"When you don't feel like talking and just want to be quiet, you start using your imagination. I love seeing what you create," Mom answered.

A potem wyszeptała mi do ucha. – Kocham cię również wtedy, kiedy nic nie mówisz.

Then she whispered in my ear, "I love you when you're quiet too."

– *A kochasz mnie też wtedy, kiedy się boję?* – *zapytałam.*
"But do you still love me when I'm afraid?" I asked.

– *Zawsze* – *powiedziała mama.* – *Kiedy się boisz, pomagam ci sprawdzić, czy pod łóżkiem albo w szafie nie ma potworów.*
"Always," said Mom. "When you're scared, I help you check that there are no monsters under the bed or in the closet."

Mama pocałowała mnie w czoło. – Jesteś taka dzielna, skarbie.

She kissed me on the forehead. "You are so brave, my sweetheart."

– A kiedy jesteś zmęczona – dodała mama łagodnie – przykrywam cię kocem, przynoszę misia i śpiewam twoją specjalną piosenkę.

"And when you're tired," she added softly, "I cover you with your blanket, bring you your teddy bear, and sing you our special song."

– A co, kiedy mam za dużo energii? – zapytałam, podskakując.

"What if I have too much energy?" I asked, jumping to my feet.

Mama się roześmiała. – Kiedy rozpiera cię energia, idziemy pojeździć na rowerze, poskakać na skakance albo pobiegać razem na zewnątrz. Uwielbiam robić z tobą to wszystko!

She laughed. "When you're full of energy, we go biking, skip rope, or run around outside together. I love doing all those things with you!"

– Ale czy kochasz mnie, kiedy nie chcę jeść brokułów? – wystawiłam język.

"But do you love me when I don't want to eat broccoli?" I stuck out my tongue.

Mama zachichotała. – Jak wtedy, gdy oddałaś swoje brokuły Maksowi? Bardzo mu smakowały.

Mom chuckled. "Like that time you slipped your broccoli to Max? He liked it a lot."

– *Widziałaś to?* – *zapytałam.*
"You saw that?" I asked.

– *Oczywiście, że widziałam. I wciąż cię kocham, nawet wtedy.*
"Of course I did. And I still love you, even then."

Zastanowiłam się przez chwilę i zadałam ostatnie pytanie:
I thought for a moment, then asked one last question:

– Mamo, jeśli kochasz mnie, kiedy jestem przygnębiona albo zła… to czy kochasz mnie też, kiedy jestem szczęśliwa?
"Mommy, if you love me when I'm gloomy or mad… do you still love me when I'm happy?"

– Och, skarbie – powiedziała, znów mnie przytulając – kiedy ty jesteś szczęśliwa, ja też jestem szczęśliwa.
"Oh, sweetheart," she said, hugging me again, "when you're happy, I'm happy too."

Pocałowała mnie w czoło i dodała: – Kiedy jesteś szczęśliwa, kocham cię tak samo jak wtedy, kiedy jesteś smutna, zła, nieśmiała albo zmęczona.
She kissed me on the forehead and added, "I love you when you're happy just as much as I love you when you're sad, or mad, or shy, or tired."

Mocno się przytuliłam i uśmiechnęłam. – A więc… kochasz mnie cały czas? – zapytałam.

I snuggled close and smiled. "So… you love me all the time?" I asked.

– Cały czas – powiedziała mama. – Każdy twój nastrój, każdego dnia. Zawsze cię kocham.

"All the time," she said. "Every mood, every day, I love you always."

Kiedy tak mówiła, poczułam ciepło w moim sercu.
As she spoke, I started feeling something warm in my heart.

Wyjrzałam na zewnątrz i zobaczyłam jak chmury odpływają. Niebo zrobiło się niebieskie i zaświeciło słońce.
I looked outside and saw the clouds floating away. The sky was turning blue, and the sun came out.

Wygląda na to, że dzisiaj będzie jednak piękny dzień.
It looked like it was going to be a beautiful day after all.

www.ingramcontent.com/pod-product-compliance
Lightning Source LLC
LaVergne TN
LVHW072111060526
838200LV00061B/4860